Attila József
Du weißt, dass es keine Vergebung gibt
Gedichte

Bibliografische Information Der Deutschen Nationalbibliothek
Die Deutsche Nationalbibliothek verzeichnet diese Publikation in der Deutschen Nationalbibliographie; detaillierte bibliographische Daten sind im Internet über http://dnb.d-nb.de abrufbar.

© 2013 Laszlo A. Marosi

Alle Rechte der Vervielfältigung vorbehalten.

Herstellung und Verlag:
Books on Demand GmbH, Norderstedt

Lektorat, Layout und Verlag:
Dr. phil. Silvia Marosi, Marosi Verlag, Ludwigshafen
MarosiVerlag@gmx.de

Printed in Germany 2013

ISBN 9783732247844

Attila József

**Du weißt, dass es keine Vergebung gibt
Gedichte**

Aus dem Ungarischen übertragen von
Laszlo A. Marosi

Marosi Verlag
Ludwigshafen 2013

JÓZSEF ATTILA: CURRICULUM VITAE

Geboren wurde ich 1905 in Budapest. Mein Vater, Áron József, war Seifensieder, meine Mutter, Borbále Pötze, Zugehefrau. Meine Konfession ist griechisch-orthodox.

Im Alter von drei Jahren schickte mich mein Vater zu Pflegeeltern nach Öcsöd. Dort lebte ich, bis ich sieben Jahre alt wurde. Schon in diesem jungen Alter habe ich gearbeitet, wie es für arme Dorfkinder üblich war, nämlich als Schweinehirt.

Mit sieben Jahren holte mich meine Mutter zurück nach Budapest und ließ mich in die 2. Klasse der Grundschule einschreiben.

Meine Mutter verdiente den Lebensunterhalt für mich und meine zwei Schwestern als Waschfrau und Reinemachfrau. Sie arbeitete von morgens bis abends in verschiedenen Haushalten, so wuchs ich ohne elterliche Aufsicht auf. Ich schwänzte oft die Schule und verbrachte die Tage als Gassenjunge.

Mein Leben änderte sich etwas, als ich im Lesebuch der 3. Klasse eine Geschichte über König Attila entdeckte, die meine Aufmerksamkeit erregte, und ich begann viel zu lesen. Ich interessierte mich nicht nur deshalb für den König der Hunnen, weil auch ich Attila heiße, sondern weil mich meine Pflegeeltern in Öcsöd „Pista" (Stefan) nannten. Nach Beratung mit den Nachbarn erklärten sie, dass es den Namen Attila gar nicht gebe. Diese Auffassung hat mich sehr erschüttert, ich fühlte mich meiner Identität beraubt. Ich glaube, dass die Entdeckung der Geschichten über König Attila entscheidend mein zukünftiges Streben beeinflusst hat. Letzten Endes hat mich vielleicht dieses Erlebnis zur Literatur geführt, dieses Erlebnis machte mich zu einem nachdenklichen Menschen, zu einem Menschen, der sich die Meinung anderer zwar anhört, der durchaus bereit ist, auf den Namen Stefan zu hören, aber nur so lange, bis endlich erwiesen ist, dass das, was er selber denkt, richtig ist, dass er nämlich doch Attila heißt.

Als ich neun Jahre alt war, brach der 1. Weltkrieg aus und uns ging es immer schlechter. Ich habe oft vor Geschäften anstehen müssen, um Lebensmittel zu besorgen. Es kam vor, dass ich mich abends um 9 Uhr vor dem Lebensmittelladen in die Wartereihe stellte und morgens um halb acht, als ich endlich an der Reihe war, verkündet wurde, dass es keinen Schmalz mehr gebe.

Ich half meiner Mutter, wo ich nur konnte. Ich habe Wasser im Kino verkauft, am Bahnhof von Ferencváros Holz und Kohle geklaut, damit wir die Wohnung beheizen konnten. Ich habe bunte Windräder gebastelt und an bessergestellte Kinder verkauft, in der Markthalle Körbe und Pakete getragen usw.

Im Sommer 1918 kam ich zur Erholung nach Abbasien. Zu dieser Zeit war meine Mutter bereits erkrankt. Sie hatte Gebärmutterkrebs. Ich habe mich selber beim Kindererholungswerk angemeldet und kam für kurze Zeit zur Erholung nach Monor.

Zurück in Budapest verkaufte ich Zeitungen und habe wie ein kleiner Banker mit Briefmarken und Geld gehandelt. Während der Zeit der rumänischen Besatzung war ich Brotjunge im Kaffeehaus Emke.

Während dieser ganzen Zeit ging ich zur Schule und nachdem ich die fünf Grundstufen absolviert hatte, besuchte ich die Bürgerschule.

Weihnachten 1919 starb meine Mutter.

„Diese jungen Menschen", schrieb Dezsö Kosztolányi über die Lebenserfahrung der jungen Nachkriegsgeneration, „waren nicht enttäuscht. Enttäuscht kann nur einer sein, der jemals Hoffnung gehabt hat. Ihnen ließ man aber keine Zeit dafür. Schon als Erstklässler konnten sie in den aus dem Straßenschlamm aufgehobenen Zeitungen mühsam, Buchstabe für Buchstabe lesen, dass die Menschen sich gegenseitig mit Gewehrkolben totschlagen und über den Köpfen der Kranken die Krankenhäuser anzünden. Sie hatten nichts, worüber sie enttäuscht sein konnten. Sie hatten nie so empfunden wie wir, dass die Erwachsenen klüger sind oder ehrlicher als wir Kinder. Sie haben die Weltgeschichte und die Lehre, die man aus ihr ziehen sollte, aus den dicken Buchstaben der Titelseiten weggeworfener Zeitungen gelernt. Und zwar gründlich. Und sie haben sie nie vergessen. […] Noch nie haben sich zwei Generationen mehr voneinander unterschieden als die ihre und die unsere." (Dezső Kosztolányi, Neunzehnhundertdreiunddreißig, OT: Ezerkilencszázharminchárom)

WUNSCHDENKEN UND REALITÄT

Süß war die Speise, die meine Mutter mir gab,
Schön waren die Worte der Wahrheit,
die mein Vater sprach.

An der Donau, 1936

So beschrieb er in seinem Gedicht *An der Donau* seine Kindheit. Doch mit der Realität haben obige zwei Zeilen, wie es auch aus seinem bisherigen Lebenslauf hervorgeht, nur wenig zu tun.

Tatsache ist, dass der Vater, als Attila gerade mal drei Jahre alt war, die Familie verließ und die Mutter mit den drei Kindern in bitterer Armut zurückließ. Angeblich wanderte er nach Amerika aus (in Wirklichkeit hat er sich nach Rumänien abgesetzt) und kümmerte sich fortan nie mehr um seine Frau und die drei Kinder.

Auch die ‚süße Speise' die er in seiner Kindheit von der Mutter bekommen haben will, war bloß eine Wunschvorstellung, der er mit gerade einmal elf Jahren in einem bezaubernden, kleinen Gedicht Ausdruck verlieh:

> So gerne möchte ich reich sein
> und einmal Gänsekeule essen,
> in schönen Kleidern herum flanieren,
> für fünf Gulden Kugler kaufen.
>
> Und während ich den Zucker schlecke,
> mein schönes Kleid herumzeige,
> stolz würde ich jedem erzählen,
> seht, so schön ist Attilas Leben.
>
> Doch daran zu denken wage ich kaum,
> schnell verfliegt mein schöner Traum,
> die schönen Sachen habe ich nicht,
> darum bin ich auch nicht glücklich.
>
> Lieber Jocó, 1916

Nein, der kleine Attila hatte kein schönes Leben. Tatsächlich musste er als Kind oft hungern:

> Gib mir Essen, schau, ich habe Hunger,
> decke mich zu – ich friere,
> ich bin ein Dummkopf, –
> beschäftige dich mit mir!

> Dein Fehlen durchzieht das Haus
> wie der flüchtige Wind.
> Angst, bitte, weiche von mir.
>
> Zum Kinde hast du mich gemacht, 1936

Dieses Gedicht, das seine Lebensumstände in der Kindheit wirklichkeitsgetreu wiedergibt, wird sich in einem späteren Kapitel dieses Buches in einem überraschenden, neuen Zusammenhang wiederfinden.

Sicher ist auch, dass er nicht selten grausame Prügel bezog. Seine Schwester, Jolán, beschrieb ein solches Ereignis in ihren Erinnerungen[1,2]:

Attila war vielleicht zehn Jahre alt. Seine Aufgabe war es, unser einziges Huhn täglich auf die Wiese zu führen, damit es sich Nahrung suchen konnte. Seine Spielkameraden lachten ihn aus und fortan weigerte er sich, das Huhn auszuführen. Als es dann überraschend ein Ei legte, buk uns Mama, vielleicht um Attila umzustimmen, Buchteln. Attila hat sie nicht angerührt. Als wir aber am nächsten Morgen aufwachten, war die Schüssel leer. Attila leugnete.

Was danach folgte, war entsetzlich:

Mama schlug mit dem Nudelholz wild auf Attila ein. Wenn sie dabei nicht ohnmächtig geworden wäre, hätte sie das Kind vielleicht totgeschlagen. [...] Etus (meine

Schwester) rannte los, um einen Arzt zu holen. [...] Der Arzt schaute sich die beiden an, trat ans Bett meiner Mutter und gab ihr eine Beruhigungsspritze. Mutter schlief gleich ein. Er renkte dann Attilas Arm wieder ein und sagte zu uns: „Ihre Mutter muss von jeder Aufregung verschont werden. Das ist alles, was man noch für sie tun kann."

An ein späteres Gespräch mit Attila erinnerte sich Jolan so[3]:

„Ich will reich werden", sagte er hastig. [...] Ich mache keinen Spaß, ich will reich sein und weißt du warum? Erinnerst du dich, als Mama den Besenstiel auf meinem Rücken zerbrach? Wofür habe ich diese Prügel bezogen? Gib mir eine Antwort darauf!"

„Du hast Prügel bezogen, weil Mama von der Arbeit kam, krank war und dich Kraut kaufen geschickt hat. Du aber hast nur verwelkte Blätter geholt."

„Trotzdem hat sie den Besenstiel auf meinem Rücken zerbrochen", sagte Attila trotzig. „Und jetzt will ich nur deswegen reich sein, dass ich auf den Friedhof fahren kann, sie mit meinen zehn Fingern ausgrabe und ihren Schädel zerschlage dafür."

„Gehe, Attila, gehe zum Tisch, damit ich dich nicht sehe. Schämen sollst du dich. Du kommst gerade von

Hatvanys. Weißt du, dass die Freundin von Hatvany an einem Abend mehr Geld verdient als deine Mutter in einem ganzen Monat, und davon musste sie ihre drei undankbaren Bälger ernähren, von welchen auch du eines bist." – Ich drehte mich zur Wand und sagte noch zu ihm: „Ich liebe dich nicht mehr", und begann zu weinen. Gespannt wartete ich, was jetzt wohl geschehen würde.

Stille. – Ein tiefes Seufzen. – Und Weinen, Weinen, bitterliches Weinen, wir weinten gemeinsam, unaufhörlich.

Hungern, häufiges Umziehen wegen nicht bezahlter Miete, harte körperliche Züchtigungen sowie Aufenthalte bei verschiedenen Pflegefamilien hinterließen tiefe Wunden auf der Kinderseele, die niemals heilten.

„Vielleicht habe ich Mutter nur geliebt, weil sie mir Essen gab und ein Zuhause bot", schrieb er in *Freie Gedanken* 1935.

Das schwierige Verhältnis zu seiner Mutter, das zwischen abgöttischer Liebe und trotzigem Hass schwankte, war von Schwermut und Schuldgefühlen begleitet.

In zahlreichen Gedichten und Schriften gab er dem verzweifelten Ausdruck, wie z.B. in den inhaltlich sehr unterschiedlichen Gedichten *Spätes Klagelied* und *Meine Mutter*:

Spätes Klagelied

Mit sechsunddreißig Grad Fieber glühe ich
und du hilfst mir nicht, Mutter.
Wie ein leichtes Mädchen, das sein Freier heranwinkt,
hast du dich dem Tod hingegeben.
Aus milder Herbstlandschaft und lieben Frauenbildern
wollte ich dein Bild zusammensetzen,
nun aber sehe ich, die Zeit dafür wird nicht reichen.

Aufs Land bin ich gefahren,
der Krieg war aus und im zerrupften Budapest
gafften die Läden leer, ohne Brot.
Auf dem Dach von Güterzügen kauerte ich,
brachte uns Kartoffeln, der Sack war voll mit Hirse,
und für dich, Mutter, brachte ich ein Huhn,
du aber weiltest nicht mehr unter uns.

Du hast mir entzogen deine süße Brust
und sie den Würmern gegeben.
Du hast mich getröstet und gescholten,
doch falsch und verlogen waren deine Worte.
Du gabst mir Essen und sagtest, iss, mein Kind,
dass du groß wirst und stark für mich.
Du hast mich irregeführt.

Du hast mir dein Abendessen gegeben,
habe ich dich drum gebeten?

Beim Waschen dein Rückgrat gekrümmt, wofür?
Dass du es jetzt wieder gerade biegst
in der Totenkiste? –

Ich wäre so froh, würdest du mich noch einmal
verprügeln,
glücklich wäre ich, denn jetzt würde ich zurückschlagen.
Du bist nutzlos, du wolltest nicht leben,
du verdirbst alles, ein Schatten ist wirklicher als du.

Du bist eine Schwindlerin, du lügst und betrügst
wie jede Frau,
du hast dich davongestohlen
von deinem eigenen Fleisch und Blut,
du bist eine Zigeunerin. Was du mir gabst
mit schönen Worten, hast du mir wieder genommen
in deiner letzten Stunde!
Ich hätte Lust zum Fluchen,
hörst du mich nicht? Bitte, ermahne mich!

Langsam sehe ich klar. Deine Legende ist tot.
Das Kind, das seine Mutter so abgöttisch liebte,
merkt nun, wie töricht es war.
Wer geboren wurde, wird letztendlich immer enttäuscht.
Entweder so, dass er sich selbst belügt,
oder wenn er kämpft, stirbt er im Kampf,
wenn er sich versöhnt, eben daran.

Grausame, ungerechte, unziemliche Worte: ‚Leichtes Mädchen', ‚nutzlos', ‚unwirklicher als ein Schatten', ‚Zigeunerin', ‚falsch und verlogen waren deine Worte', ‚du hast mich irregeführt' – es waren jedoch offenbar Worte des Schmerzes und des Zorns über den Verlust der geliebten Mutter[4].

Dann fand er auch ehrliche Worte der Zuneigung und Anerkennung für die aufopfernde Fürsorge, die seinen wahren, tiefen Gefühlen für sie nachdrücklich Ausdruck gaben:

Meine Mutter

Mit beiden Händen die Schüssel umschlungen,
im Halbdunkel am Sonntagnachmittag,
ruhte Mama ein wenig.
Leise schlummernd saß sie im Dämmerlicht,
mit einem stillen Lächeln auf ihrem müden Gesicht --

In einem kleinen Blechnapf brachte sie heim
ihr Abendessen von den Gnädigen,
während ich aß, dachte ich daran,
dass die aus einem vollen Topf schöpfen --

So war Mama, zierlich, zerbrechlich, sie verstarb früh,
denn Waschfrauen sterben früher,
vom Wäschetragen zittern ihre Beine
und Kopfschmerzen plagen sie beim Bügeln –

Wie eine erholsame Berglandschaft: Berge von Wäsche,
wie ein beruhigendes Wolkenspiel der Dampf,
und für Luftveränderung sorgt
für die Waschfrau der Dachboden --

Ich sehe sie vor mir,
wie sie innehält bei der Arbeit.
Eine gebrochene Frau, sie wurde immer dünner,
ein Opfer des Kapitals,
denkt darüber nach, Proletarier --

Von der schweren Arbeit ihr Rückgrat gekrümmt,
ich wusste nicht, dass sie eine junge Frau war,
in ihren Träumen trug sie eine weiße Schürze
und der Briefträger grüßte sie sogar --

In einem weiteren Gedicht, *Mama*, schreibt er:

... jetzt ist es zu spät.
Zu spät sehe ich, wie riesig sie war –
Ihr graues Haar weht zwischen den Wolken,
wenn sie Wäscheblau löst in himmlischen Gewässern.

NACH DEM TOD DER MUTTER

Zu meinem Vormund hat das Waisenamt meinen kürzlich verstorbenen Schwager, Dr. Ödön Makai, bestimmt. Einen Frühling und Sommer lang habe ich auf verschie-

denen Schleppdampfern der Atlantica Seefahrt A. G. gearbeitet.

Im gleichen Jahr habe ich auf privatem Wege die Prüfungen für die 4. Klasse der Bürgerschule abgelegt. Anschließend schickte mich mein Vormund, Dr. Sandor Giesswein, als Priesterschüler zu den Salesianern nach Nyergesújfalu, wo ich aber nicht lange bleiben konnte, denn ich bin griechisch-orthodox und kein Katholik. Nach nur zwei Wochen Aufenthalt kam ich auf das Demke Internat nach Makó, wo ich bald von den Internatskosten befreit wurde. Im Sommer gab ich für Kost und Unterkunft Nachhilfestunden. Die VI. Klasse des Gymnasiums beendete ich in allen Fächern mit der Note „sehr gut".

Vielleicht aus pubertären Gründen unternahm ich in dieser Zeit mehrere Selbstmordversuche. Leider hatte ich keinen guten Freund, der mich in dieser schweren Zeit mit Rat und Tat unterstützt hätte.

Zu dieser Zeit verfasste ich meine ersten Gedichte. Einige, die ich mit 17 Jahren schrieb, sind sogar in der renommierten Literaturzeitschrift Nyugat (Der Westen) abgedruckt worden.

Ich wurde für ein Wunderkind gehalten, dabei war ich nur eine Waise.

Nach der VI. Klasse verließ ich das Gymnasium, weil ich mich einsam und unausgelastet fühlte: Ich lernte nicht, weil ich den Lehrstoff nach der Erklärung meiner Lehrer auch so behielt, mein gutes Zeugnis ist der Beweis dafür.

Anstelle weiter die Schule zu besuchen, verdingte ich mich als Feldhüter auf Maisfeldern, war Tagelöhner in der Landwirtschaft und Privatlehrer in Kiszombor.

Auf Drängen von zwei ehemaligen lieben Lehrern beschloss ich, doch das Abitur abzulegen. Die Prüfungen für die VII. und VIII. Klasse absolvierte ich in einer zusammengezogenen Prüfung, so wurde ich eher mit dem Gymnasium fertig als meine ehemaligen Mitschüler. Zur Vorbereitung hatte ich aber insgesamt nur drei Monate Zeit, so geschah es, dass ich die VII. Klasse mit der Note „sehr gut", die VIII. aber nur mit „ausreichend" bestand. Mein Abiturzeugnis war schon etwas besser, nur in „Ungarische Sprache" und „Geschichte" bekam ich die Note „ausreichend".

In dieser Zeit wurde ich für ein Gedicht wegen Gotteslästerung angeklagt, wurde aber von der Kurie frei gesprochen.

Nach dem Tode der Mutter wurden die Kinder im Haushalt der älteren Schwester untergebracht. Weil aber die arme Verwandtschaft in der Familie des Ehemanns nicht gerade willkommen war, wurde ihre Identität verheimlicht. Die jüngere Schwester wurde der Familie als Dienstmädchen, Attila als ihr Bruder vorgestellt. Sie wohnten im Dienstbotenzimmer und mussten die Schwester mit Luise anreden und den Hausherrn mit Herr Doktor.

Immerhin, es wurde für sie gesorgt und der Vormund sorgte auch dafür, dass Attila seine Schulausbildung fortsetzen konnte. Trotz allem waren auch die folgenden Jahre entbehrungsreich. Er arbeitete als Gelegenheitsarbeiter in der Landwirtschaft, gab Nachhilfestunden und schrieb Gedichte. Sein erster Gedichtband, *Bettler der Schönheit*, war kein großer Erfolg, zog aber die Aufmerksamkeit des damals schon bekannten Dichters Gyula Juhász auf sich, der ihn anerkennend einen „von Gott begnadeten jungen Dichter" nannte.

In der Folgezeit arbeitete ich als Bücheragent in Budapest. Während der Zeit der Inflation war ich bei dem Mauther Bankhaus angestellt. Nach Einführung des Hintz Systems arbeitete ich in der Buchhaltung und zum Ärger meiner viel älteren Kollegen wurde ich mit der Kontrolle der am Kassentag ausgehenden Werte betraut. Mein Ehrgeiz wurde dadurch etwas gebremst, dass meine älteren Kollegen ihre Arbeit mir aufhalsten. Sie versäumten auch keine Gelegenheit, mich wegen meiner in verschiedenen Zeitungen erschienenen Gedichte zu verspotten. „In deinem Alter habe ich auch Gedichte geschrieben", sagten sie geringschätzig.

Das Bankhaus ging später in Konkurs.

Ich beschloss endgültig, Dichter zu werden sowie einen bürgerlichen Beruf zu ergreifen, der in enger Beziehung zur Literatur steht. Ich schrieb mich an der Universität in Szeged im Fach Ungarisch-Französische Philosophie ein. Ich belegte 52 Wochenstunden und habe 20 Kolloquien mit der Note „ausgezeichnet" bestanden.

Meine Wohnung bezahlte ich von den Honoraren, die ich für meine Gedichte erhielt. Ich war stolz darauf, dass Herr Professor Lajos Dézsi mich zur selbstständigen Forschungsarbeit befähigt hielt.

In dieser Zeit, 1922, entstand sein Gedicht *Reinen Herzens* – Hungerattacken quälten ihn –, das ihm viel Ärger, aber auch viel Anerkennung einbrachte.

Meine Lust verging mir aber gründlich, als mich Professor Antal Horger, bei dem ich die Prüfung in ungarischer Sprache hätte ablegen müssen, einbestellte und mir vor zwei Zeugen – ich weiß heute noch ihre Namen, heute sind beide Lehrer – eröffnete, dass so lange es ihn gebe aus mir nie ein Lehrer würde. Er zeigte mir ein Exemplar der Zeitung „Szeged" und sagte, dass man einem Menschen, der solche Gedichte schreibe, die Er-

ziehung der kommenden Generation nicht anvertrauen dürfe.

Reinen Herzens

Ich habe weder Vater noch Mutter,
weder Gott noch Vaterland,
weder Wiege noch Sarg,
weder Begierde noch Geliebte.

Seit drei Tagen esse ich nicht,
weder viel noch wenig,
wertvoll sind nur meine zwanzig Jahre,
die ich nun zum Markte trage.

Wenn niemand sie kaufen will,
soll der Teufel sie haben,
reinen Herzens raube ich,
und wenn es sein muss, töte ich.

Man ergreift mich und hängt mich auf,
verscharrt mich in geweihter Erde,
todbringendes Gras wird sprießen
über meinem wunderschönen Herzen.

Man redet oft von der Ironie des Schicksals, hier geht es aber tatsächlich um sie: Dieses Gedicht – „Reinen Herzens" – wurde sehr berühmt. In verschiedenen Zeitungen sind sieben Artikel darüber erschienen. Ignotus ließ es „in seiner Seele zärtlich hegen und pflegen", dieses wunderbare Gedicht, wie er im „Nyugat" schrieb, und in seiner Ars Poetica erklärte er dieses Gedicht zum Musterbeispiel der neuen ungarischen Dichtung. Lajos Hatvány erklärte es zu einem nationalen Dokument für spätere Generationen.

Lajos Hatvány schrieb weiter, aus diesem Gedicht würden „spätere Generationen herauslesen, was nach dem Zusammenbruch mit dieser unglücklichen Nation geschehen ist."

„Uns hat", schrieb Dezsö Kostolányi, „unser Vater auf Heller und Pfennig ausgerechnet, wie viel wir in diesem und jenem Beruf verdienen können, wenn wir fleißig arbeiten, mit wie viel Rente und Alterszuwendungen wir rechnen können. Mit diesem Wissen war es für uns leicht, hin und wieder aus den Grenzen des ‚ordentlichen' Lebens auszubrechen. Für sie war aber das ordentliche Leben ein Abenteuer, weil sich um sie herum alle unordentlich benommen haben. In unserem ereignislosen Leben haben wir bedeutungslose Ereignisse aufgebläht, damit auch wir Erinnerungen haben. Sie aber, die Armen, mussten große Ereignisse kleinreden, damit sie mit ihren Erinnerungen leben konnten. [...] Wir wollten täglich fünf, sechs Mal Selbstmord begehen. Sie mochten lieber leben. Wenn man sie nur gelassen hätte."
(Dezső Kosztolányi, Neunzehnhundertdreiunddreißig)

Attila József ließ sich von der teils herben Kritik nicht davon abhalten, weitere kämpferische Gedichte folgen zu lassen. Doch im Jahr 1922, er war gerade einmal 17 Jahre alt, suchte er mit großem Ernst nach Gott (*Stiller Abendpsalm*) und nach Hoffnung (*Winter*).

Der Gegensatz zwischen Wünschen und Lebensumständen sollte sich später zu einem unlösbaren Konflikt auswachsen. In einer kurzen Selbstbeschreibung heißt es:

„*Attila Jozsef* – Heiter war er und gut, vielleicht etwas störrisch, wenn er sein vermeintliches Recht nicht bekam. Er aß gerne und in manch seinem Gebaren war er sogar Gott ähnlich. – Ein jüdischer Arzt schenkte ihm einen Mantel, die Verwandten sagten nur, ‚Lass'-dich-hier-nie-wieder-sehen.' – In seinem Glauben fand er keine Ruhe, nur Popen, sein Elend war landeskundig, seid aber deswegen nicht mitleidig."

Winter (1922)

Wir sollten ein großes, großes Feuer anzünden,
an dem die Menschen sich aufwärmen können.

Ins Feuer werfen sollten wir alles, was alt ist, schäbig
und schartig, und auch was neu ist und heil,
Kinderspielzeug – schöner Ramsch! –
Ins Feuer werfen sollten wir
den ganzen schönen Firlefanz.

Die wärmenden Flammen würden himmelhoch lodern
und die Menschen herum hielten sich bei den Händen.

Wir sollten ein großes, großes Feuer anzünden,
denn Raureif überzieht Stadt und Hain…
Wir sollten die Riegel vereister Kammern aufreißen
und alles ins Feuer werfen, das brennt
und viel, viel Wärme spendet.

Ein so großes Feuer sollten wir anzünden,
dass die Herzen der Menschen endlich auftauen.

Stiller Abendpsalm (1922)

O, Herr, ich kann deinen Ruhm kaum in Verse fassen.
Daher spreche ich die Psalmen
in meiner einfachen Sprache.
Wenn Du aber nicht willst,
höre Dir meine Worte nicht an.

Ich weiß, dass das Gras grünt,
weiß aber nicht, wofür
und für wen es grünt.
Ich fühle, dass ich liebe,
weiß aber nicht, wessen Lippen einmal
meine Lippen berühren werden.

Ich höre, dass der Wind weht, wenn ich traurig bin,
weiß aber nicht, warum er weht.

Beachte aber meine Worte nicht,
wenn sie Dir nicht gefallen.

In einfacher Sprache möchte ich Dir jetzt erzählen,
dass es auch mich gibt, ich bin da und bewundere Dich,
aber ich verstehe Dich nicht.
Weil Du unsere Bewunderung nicht brauchst
und auch nicht unsere Psalmen.

Verletzt Deine Ohren unser lautes und ewiges Flehen?
Wir können aber nichts anderes
als Flehen und demütig Bitten.

Ich bin Dein schlichter Diener,
den Du verschenken kannst,
selbst an die Hölle, wenn Du es so willst.

Dein Reich ist grenzenlos,
Du bist mächtig, stark und ewig.
Bitte, mein Herr, schenke meine Wenigkeit mir selber,
wenn Du aber nicht willst, erhöre meine Bitte nicht.

Trotz seiner bitteren Lebenserfahrung als unterprivilegiertes Proletarierkind waren viele seiner Werke aus dieser Zeit nicht von Radikalität, sondern eher von einer sozialkritischen, mitfühlenden Humanität, von einer feinsinnigen, nach Harmonie strebenden Lyrik gekennzeichnet.

Ohne anzuklopfen (1926)

Wenn ich dich liebgewinne, darfst du ohne anzuklopfen
bei mir eintreten. Überlege es dir aber gut.
Wir werden auf einem Strohsack schlafen
und wenn wir uns hinlegen,
Staub wird aufwirbeln vom raschelnden Stroh.

Bevor du fortgehst, bringe ich dir frisches Wasser
in einem Krug und wische auch deine Schuhe ab.
Stören wird uns bei mir keiner,
du kannst in Ruhe unsere Kleider flicken.

Die Stille hier ist eine große Stille, ich aber rede mit dir;
wenn du müde bist,
biete ich dir unseren einzigen Stuhl an,
wenn dir warm wird,
darfst du Krawatte und Kragen ablegen,
wenn du Hunger hast und es genügend zum Essen gibt,
gebe ich dir ein sauberes Stück Papier als Teller,
aber bitte, lasse dann auch für mich ein wenig übrig,
denn auch ich habe ständig Hunger.

Wenn ich dich liebgewinne, darfst du ohne anzuklopfen
bei mir eintreten. Überlege es dir aber gut,
denn es würde mich sehr kränken,
wenn du mich danach meiden würdest.

Gleichzeitig entstanden aber auch klassenkämpferische, von revolutionärer Gewaltbereitschaft geprägte Gedichte, die aber abgesehen vom Zeitraum 1930-1933 nicht charakteristisch für seine frühe Dichtung waren.

So stellen sich die beiden 1926 entstandenen Gedichte *Sozialisten* und *Ohne anzuklopfen* als Gedichte eines jungen Poeten dar, der sowohl menschlich als auch künstlerisch seinen Weg noch suchte.

Sozialisten (1926)

Schmerz, Elend und Güte führten uns zusammen,
wir marschieren gemeinsam auf dem Felde
im kräftigen Korn,
unsere geliebte Waffe stichelt unser Kreuz.
Stich nur, stich uns unaufhörlich, unsere geliebte Waffe,
dass uns klar wird immer und immer wieder,
dass wir nur so zufällig, ohne Waffe,
den Kampf niemals gewinnen werden.

Wir beeilen uns nicht, denn wir sind stark und wissen,
über wen und für was wir zu Gericht sitzen werden.
Oben auf dem Hügel halten wir Rat,
zarte Wachteln, scheue Häschen suchen Schutz
zu unseren Füßen im Gras.
Der Himmel über uns klärt sich auf, sodass wir jedes
fremde Flugzeug zeitig erspähen können.

> Du gehst nach Süden, du gen Westen
> und ich nach Norden, Genosse!

AUSLANDSAUFENTHALTE UND HEIMKEHR

Im Jahr 1925 – ich war schon 20 Jahre alt – ging ich nach Wien und schrieb mich dort an der Universität ein. Meinen Lebensunterhalt bestritt ich als Zeitungsverkäufer am Portal des Gasthauses „Rathaus Keller" und mit Putzen im Klubraum der in Wien lebenden ungarischen Akademiker.

Als Direktor Antal Lábán davon erfuhr, gab er mir Freikost im Collegicum Hungaricum und beschaffte mir einige Schüler: Ich unterrichtete die zwei Söhne von Zoltán Hajdu, Vorstand der Englisch-Österreichischen Bank, und ich kam aus meinem furchtbaren Elendsquartier, wo ich vier Monate nicht einmal ein Bettlaken hatte, auf geradem Wege als Gast ins Schloss der Familie Hatvány in Hatvan.

Die Hausherrin, Frau Hirsch, versorgte mich mit Geld, sodass ich nach Ende des Sommers nach Paris reisen und mich an der Sorbonne einschreiben konnte. Den kommenden Sommer verbrachte ich in einem kleinen Fischerdorf in Südfrankreich.

Danach kam ich zurück nach Pest und hörte weitere zwei Semester an der Universität. Die Lehrerprüfung habe ich aber eingedenk der Mahnung von Professor Horger nicht abgelegt, denn ich war der Meinung, dass ich sowieso keine Anstellung als Lehrer finden würde.

In der Folgezeit arbeitete ich beim neu gegründeten Außenhandelsinstitut als Korrespondent für ungarische und französische Sprache. Als Referenz möchte ich meinen ehemaligen Generaldirektor, Herrn Sándor Kóródi, anführen, der sicherlich gerne Auskunft über meine dort ausgeübte Tätigkeit erteilen wird.

In dieser Zeit erlebte ich leider einige Schicksalsschläge, die ich, obwohl ich durch mein bisheriges Leben abgehärtet war, nicht ertragen konnte. Das Gesundheitsamt hat mich zunächst in ein Sanatorium eingewiesen, anschließend wurde ich mit der Diagnose „Neurasthenia gravis" krankgeschrieben. Ich musste einsehen, dass ich mit meiner Erkrankung das junge Außenhandelsinstitut nicht belasten durfte und schied aus meinem Amt aus.

Seither lebe ich von meiner Schriftstellerei. Ich bin Redakteur der kritischen Literaturzeitschrift „Das schöne Wort" (Szép szó). Außer meiner ungarischen Muttersprache beherrsche ich Französisch und Deutsch in Wort und Schrift und bin perfekt in Maschinenschrift. Meine Kenntnisse in Stenographie könnte ich in einem Monat wieder auffrischen. Ich verstehe auch einiges von der Drucktechnik und kann präzise formulieren.

Ich halte mich für ehrlich und glaube, dass ich eine schnelle Auffassungsgabe habe und ausdauernd bei der Arbeit bin.

So weit sein Lebenslauf aus dem Jahre 1937, der jedoch in einigen Punkten unvollständig ist und daher ergänzt werden muss.

MITGLIEDSCHAFT IN DER KOMMUNISTISCHEN PARTEI UND AUSTRITT

Einen wichtigen Lebensabschnitt verschweigt er in seinem Lebenslauf aus gutem Grunde: Seine von 1930 bis 1933 währende Mitgliedschaft in der illegalen kommunistischen Partei.

Sein Weg dorthin war nahezu zwangsläufig durch seine Lebensumstände vorgezeichnet.

Er wusste nicht nur um die verzweifelte Lage des Proletariats, die durch den Ersten Weltkrieg, durch die Zeit der unsäglichen Räterepublik und die darauf folgende Weltwirtschaftskrise zu unerträglichen sozialen Zuständen und zur Auswanderung von 1.5 Millionen Menschen nach Amerika führte; für das benachteiligte Kind seiner Zeit lag es zumindest vorläufig nahe, gewisse Schlüsse zu ziehen.

In seinem Gedicht *Mein Vaterland* heißt es:

Unzählige Sorten Volkskrankheiten,
frühe Vergreisung, Geistesschwäche,
Selbstmord, seelische Armut,
häufiger Kindstod, verwaiste Kinder,
viele, die ungläubig auf ein Wunder warten.

Aber im Zauberkreis der Gewalt,
was kümmert es den Gesetzgeber,
dass zugrunde geht unser schönes Volk!

Er glaubte, im Kommunismus die Lösung der gesellschaftlichen und sozialen Probleme gefunden zu haben. Die Lehren der marxistisch-kommunistischen Ideologien waren ihm nicht fremd. Schon während seines Aufenthalts in Wien las er Werke von Marx und machte Bekanntschaft mit kommunistischen Emigranten.

Während seines Aufenthaltes in Paris sympathisierte er mit der anarchistischen Bewegung und 1927 wurde er Mitglied der *Union Anarchiste-Communiste* und nahm auch Verbindung zur ungarischen Sektion der Französischen Kommunistischen Partei auf[5]. 1930 nahm er an der großen Arbeiterdemonstration in Budapest teil und trat in die illegale kommunistische Partei ein.

Seine Gedichte radikalisierten sich zunehmend: März 1931 erschien sein Gedichtband *Stürzt den Kapitalismus, jammert nicht*, der von den Behörden eingezogen wurde.

Er begann, frühere Gedichte im Sinne der kommunistischen Arbeiterbewegung umzuschreiben[6]. In einer Neufassung des bereits 1926 erschienenen Gedichts *Sozialisten* rief er erneut zum bewaffneten Umsturz auf, er wurde wegen Volksverhetzung angeklagt und zu acht Tagen Arrest auf Bewährung verurteilt.

Sozialisten

Nieder mit dem Kapitalismus!
Macht und Fleisch den Arbeitern!
Wir marschieren im Schmutz des Kapitals,
unsere geliebte Waffe sticht unsere Hüfte –
stich nur, stich uns unaufhörlich, unsere geliebte Waffe,
dass uns klar wird immer und immer wieder,
dass wir nur so zufällig, ohne Waffe,
den Kampf niemals gewinnen werden.

Wir überstürzen nichts, denn wir sind stark,
zahlreich unsere Lebenden, zahlreich unsere Toten,
emporgestiegen aus Kellern, Schächten und Gruben,
oben auf dem Hügel halten wir Rat.
Der Nebel löst sich auf, wir erkennen unsere Gipfel klar.

Die neue Zeit vertreibt den Nebel, die Zeit,
die geboren wurde aus unserem Elend,
die wir erringen werden mit unserem Kampf,
mit dem Brot, das verschimmelte,

bevor der Arbeiter es anschneiden konnte,
mit dem Brei, der modrig wurde,
bevor der Arbeiter ihn zubereiten konnte,
mit der Milch, die sauer wurde,
bevor der Arbeiter sie in seine Kanne gießen konnte,
mit dem Kuss, der Tand wurde,
bevor die Jugend ihn erleben konnte,
mit dem Haus, das zur Ruine wurde,
bevor der Arbeiter einziehen konnte,
mit der Kleidung, die zerfetzt war,
bevor der Arbeiter sie anziehen konnte,
mit der Freiheit, die zur Unterdrückung wurde,
bevor der Arbeiter auf die Welt kam,
mit der Zigarre, die zum Knaster wurde,
bevor der Arbeiterjunge aufwuchs,
mit dem Kapital, aus dem Arbeit wird,
bis der Arbeiterjunge aufgewachsen ist
und mit dem Hammer dort draufhaut,
wo das Eisen am heißesten glüht!
Klar?!

Vers, gehe auf den Weg, werde auch du
Klassenkämpfer!
Erhebe auch du dich mit dem Volke! ...
Du gehst nach Süden, du gen Westen
und ich nach Norden, Genosse!

Trost

Lass dich nicht gehen, mein Alter,
vertrau dich keinem Makler an,
der Wolken am Himmel verkauft
und aus dem Erlös auf Erden schöne Häuser baut.
Eher heilt das Hundehaar
den todgeweihten Kranken,
als dass sich einer um uns kümmert,
der unser Schicksal nicht kennt.

Für sich beißt jeder, der beißt, dafür haben wir Zähne,
und du, ein ewig Hungriger,
bettle nicht um des Keilers Hauer.
Du frierst? Komm, sag mir,
wie kannst du einem glauben,
der fünf beheizte Zimmer bewohnt,
die Wände mit teuren Bilder geschmückt,
weiße Winterlandschaften,
nackte Frauen unterm Apfelbaum.

Wie kannst du einem glauben, der,
während wir schuften,
sich im warmen Bad entspannt
mit duftender Zigarre im Mund
und sich dort gutherzig über unser Elend besorgt?

Und wenn wir Kohlen in seinen Keller schleppen
macht er für uns sogar eine Packung Zigaretten auf.

Er nimmt sich unsere Sorgen zu Herzen,
sie auf seine Schultern zu nehmen, ist er nicht dumm.

Lieber Freund, halten wir zusammen,
gehen wir gemeinsam durch den eisigen Winter;
treue Freunde, die Hungernden, begleiten uns.
Und wenn sie dir grob auf die Füße treten,
dass du aufschreist vor Schmerz,
so bist du daran auch selber schuld.
Begreife: Das Leben ist ein Kampf,
vergeude dein Vertrauen nicht.

Sommer

Im Sonnenschein leuchtende, weite Niederung,
strahlende Wiese geschmückt mit Wiesengold,
am Himmel weiden Schafswolken im Blau,
eine Birke raschelt und regnet Silberstaub.

Eine Hummel kommt geflogen,
beschnuppert mich und brummt,
lässt sich nieder auf der Wildrose,
böse neigt sich die Blüte zur Seite, –
rot, aber jung ist der Sommer noch.

Hier und dort bricht aber schon hervor
der Weidendorn auf dem sandigen Grund,
leise wiegt und raschelt die Ähre,
Sturm lauert über der Niederung.

> So schnell vergeht mein Sommer,
> auf Teufelshufen rast der Wind,
> der Himmel donnert und es blitzt hell auf,
> meine Genossen: Die Sense in unserer geballten Faust.

1930 lautete die letzte Strophe noch:

> So schnell vergeht mein Sommer,
> auf Teufelshufen rast der Wind, –
> ein Augenblick und verloren ist
> die Hoffnung einer ganzen Nation.

1934, nach seiner Loslösung von der kommunistischen Bewegung, veränderte er die letzte Strophe wieder:

> So schnell vergeht mein Sommer,
> auf Teufelshufen rast der Wind,
> der Himmel donnert und es erscheint
> der Winter im elfenhaft blauen Licht.

Sein Verhältnis zur Partei war jedoch angespannt und konflikthaft[7]. Schon 1931 hatte die ungarische Sektion des Verbandes der Moskauer Proletarierdichter kritisiert, dass er den Ausweg aus der herrschenden gesellschaftlichen Krise im Lager der Faschisten suche.

Sein 1932 erschienener Gedichtband *Nacht in der Vorstadt* wurde von der Partei scharf kritisiert; ebenso wurde sein Vorschlag, sich mit den Sozialdemokraten zu verbünden, zurückgewiesen. Das Gedicht *Am Rande der Stadt*, eines seiner Schlüsselgedichte, mit der Zeile „erhebt unsere Herzen und sie gehören euch", war nicht im Sinne der nach der Diktatur des Proletariats und Weltherrschaft strebenden kommunistischen Bewegung.

Am Rande der Stadt

Am Rande der Stadt, wo ich lebe,
wie winzige Fledermäuse in der Abenddämmerung
auf leisen Flügeln schwebt und schlingert der Ruß,
und setzt sich nieder auf das alte Blechdach,
wie Guano, fest und hart.

So setzt sich diese Zeit auf unsere Seelen nieder,
– wie der schwarze Ruß auf das alte Blechdach,
hart, untrennbar, –
und keine Trauer kann unsere Herzen befreien
von ihrem schmerzenden Mal.

Auch Blut könnte unseren Schmerz nicht lindern.
So sind wir: Ein neues Volk, ein neuartiger Schlag,
anders sprechen wir das Wort,
auf unseren Köpfen anders wächst das Haar.
Nicht Gott, nicht die Vernunft,
sondern Kohle, Eisen und Öl,

die real existierende Materie erschuf uns
und goss uns in die Kokillen

dieser schrecklichen Gesellschaft,
glühend und fest, damit wir uns für die Menschheit
bewähren vor dem Wahrspruch der künftigen Zeit.

Nach Priestern, Soldaten und Bürgern,
so wurden wir treue Befolger der Gesetze;
in uns erklingt nun der Sinn
jeglichen menschlichen Tuns wie eine Bassgeige.

Unbesiegbare wurden noch nie so zahlreich vernichtet
seit es Menschen gibt; schwer wiegt die Vergangenheit:
In unseren Behausungen tobten Cholera, Hungersnöte,
Gewalt und naiver Köhlerglaube.

Der künftige Sieger wurde noch nie so tief erniedrigt,
wie ihr uns erniedrigt habt:
Mit gesenkten Augen schauten wir auf die Erde,
und sie verriet uns ihr verborgenes Geheimnis.

Schaut nur, wie wild sie wurde, die Maschine,
die einst treue Gefährtin:
Der Himmel dröhnt, wenn sie tobt,
von den Fassaden eurer Häuser bröckelt der Putz,
zerbrechliche Dörfer zerfallen wie ein Kartenhaus.

Wer pfeift zurück, wenn es sein muss,
des Schäfers tobenden Hund,
der Gutsherr vielleicht?
Ihre Kindheit war unsere Kindheit,

sie ist wie eine Schwester von uns,
wir lieben sie und sie liebt uns.

Wir sehen schon, wie ihr sie bald
wie einen Götzen anbetet,
dabei ist sie euer Eigentum.
Sie aber wird nur uns gehorchen,
denn wir kennen uns.

Da stehen wir im Misstrauen vereint,
die Kinder der Materie,
erhebt unsere Herzen und sie gehören euch.
Die Kraft dazu kann aber nur einer haben,
dessen Herz erfüllt ist mit uns.

Hoch die Herzen, auf in die Fabriken!
So berußte, große Herzen hat nur der gesehen,
der die Sonne versinken sah im dunklen Rauch der Schornsteine,
der den Pulsschlag der Erde in den Tiefen heißer Stollen fühlte.

Auf! Auf! Unser Atem erschüttert
den Zaun um euer Hab und Gut,
die morschen Latten krachen und zerbrechen
wie im tobenden Sturm.

Auf! Auf! Bis auch euch klar wird unsere
wunderbare Begabung, die Ordnung,

> in der der Geist erkennt
> die begrenzte Unendlichkeit,
> die Produktionskräfte draußen
> und die Begierden im Innern…
>
> Am Rande der Stadt erschallt dieses Lied.
> Der Dichter schaut, er schaut nur zu,
> wie er schwebt und schlingert,
> der weiche, dicke Ruß,
> und setzt sich nieder auf das alte Blechdach,
> wie Guano, fest und hart.
>
> Der Dichter – in seinem Munde poltert das Wort,
> aber er (der Ingenieur der Zauber dieser Welt)
> schaut in eine bewusste Zukunft
> und konstruiert für sich in seinem Innern,
> wie ihr dort draußen,
> eine Welt in Harmonie und Frieden.

Auch seine ‚nationalistische' Einstellung passte nicht in das internationalistische Weltbild. Trotz aller Kritik an den bestehenden sozialen und politischen Zuständen fühlte er sich seiner Nation verbunden und er schrieb in *Mein Vaterland*:

> Aber trotzdem, zum Ungarsein ausgesetzt,
> schreiend schreckt meine Seele auf:
> Meine liebe Heimat, schließe mich in dein Herz,
> erlaube mir, dein treuer Sohn zu sein.

Die enge Verbundenheit mit seinem Vaterland, die seine Genossen als nationalistisch beurteilten, fand auch in den Gedichten *Winternacht* und *Luft!*, hier kritisch, Ausdruck:

Winternacht

Sei gefasst!

Der Sommer ist verglüht.
Von erloschenen Brandstellen
steigt schwebend leichte Asche auf
und bedeckt die verrußten Schollen
mit fahlem Silbergrau.
Ein stiller Ort, schön, menschenleer,
nur einige spitze Äste
kratzen sanft an der Lüfte schillerndem Blau.
Ein schmaler Silberstreifen, ein Zierband vielleicht,
verfing sich im dichten Geäst,
wie vergangenes Lächeln, wie vergangene
Umarmungen,
gefangen im wirren Dickicht der Welt.

In der Ferne buckelige alte Berge,
wie ermüdete Hände
halten sie fest das Abendrot,
den Dunst der Höfe,
die Stille des Tals, das sanft atmende Moos.

Der Bauer kehrt heim. Ermüdet,
seine Glieder ziehen ihn zu Boden,
auf seiner Schulter die schartige Hacke,
es blutet ihr Stiel, es blutet die Schneide.
Als wollte er aus dem irdischen Leben heimkehren,
seine Glieder werden schwerer und schwerer,
und immer schwerer lastet sein Gerät.

Die Nacht steigt auf, die Sterne funkeln
wie Glut in dem aus dem Schlot flüchtenden Rauch.

Verklingende Glockenschläge
kündigen an die nahende Nacht
und, als ob das Herz für ewig stillstünde,
pocht etwas anderes, vielleicht die Landschaft,
nicht die Vergänglichkeit.

Als wären Winternacht, Winterhimmel, eisiges Erz
die Glocke selbst und ihr Klöppel die Erde,
geschmiedete Erde, schwingend und schwer
und ihr Klang wäre das Herz.

Erinnerungen werden wach,
der Verstand hört ihren Klang:
Der Winter hämmert am Amboss
und beschlägt mit neuem Eisen
des Himmels hängendes Tor,
aus dem Früchte, Licht, Stroh und Weizen
strömten über Sommer in Überfluss.

Es strahlt wie der Gedanke selbst die Winternacht.

Die Stille des Dunkels
kettet den silbernen Mond an die Welt.

Ein Rabe fliegt durch den kalten Raum,
die Stille wird eisig. Hörst du, Knochen, die Stille?
Es klappern die Moleküle.

In welcher und in wessen Vitrine
erstrahlen so glänzend solche Winternächte?

Ein Zweig sticht seine Spitzen in den strengen Frost,
ein schwacher Wind seufzt leise,
am Himmel schwebt wie eine schwarze Wolke
eine Krähenschar über meinem Kopf.

Ein Güterzug rollt ein,
in seinem schwarzen Rauch,
wie in einer kleinen Unendlichkeit,
kreisen und erlöschen die Sterne.

Zäh hängt des Winters schwerer Dunst
über den Dächern der Stadt.
Auf dem bläulichen Eis gleitend
hält Einzug das Licht der gelben Winternacht
und gebärt die stechenden Waffen der Qual.

Am Rande der Stadt
verstreut eine Laterne ihr schwaches Licht,

ein wenig weiter an der Straßenecke
klappert ein Mantel, hockt ein Mensch,
zusammengekauert hält er die Wärme fest,
vergeblich,
der Frost nahm schon seine Füße in Besitz.

Ich stehe am Straßenrand
unter einem rostigen Baum
und vermesse die Winternacht
wie ein Gutsherr sein Eigentum.

Luft!

Wer verbietet mir zu erzählen, was mich kränkte,
als ich auf meinem Wege nach Hause war?
Das milde Dunkel senkte sich gerade
sanft auf das Gras hinab,
unter meinen Füßen murrte,
wie ein quengelndes Kind, das dürre Laub.

Aufmerksam spähten um mich herum die Sträucher,
liebevoll streichelte der Herbstwind ihre grüne Tracht,
misstrauisch beäugte die kalte Erde
das fahle Licht der Laterne,
und als ich nahe am Ufer ein wenig lärmte,
schreckte im Teich eine Wildente auf.

Es schoss mir durch den Kopf:
Jemand könnte mich überfallen,

so verlassen, menschenleer war die Gegend.
Und wie der Teufel es so wollte,
tauchte plötzlich ein Mann auf.

Er sah mich gar nicht an,
ohne Gruß trottete er weiter den Weg hinauf.
Ich schaute ihm nach. Leicht hätte er mich berauben
können, denn ich hätte keine Lust gehabt, mich zu
wehren, solange ich im Elend leben muss.

Mein Telefon wird abgehört,
sie protokollieren, wann ich telefoniere,
mit wem, über was und warum,
sie notieren selbst meine Träume
und auch die Menschen, die meine Träume verstehen.
Ich kann nicht wissen, wann es genügend Gründe geben
wird,
zu sichten über mich die Kartothek,
das Material, das meine Rechte verletzt.

In diesem Land sind die zerbrochenen Dörfer
– in einem solchen wurde auch meine Mutter geboren –
längst abgefallen vom lebendigen Baum des Rechts,
und wenn das Unglück sie heimsucht,
lärmen sie, um ihr Elend anzuzeigen,
dann zerfallen sie, zerquetscht, zu Staub.

So habe ich mir die Ordnung nicht vorgestellt!
Meine Seele fühlt sich hier nicht zu Hause.

Ich will nicht akzeptieren, dass der Arglistige
ein leichtes Leben hat,
während der Ehrliche darben muss.
Ich will keinem Volk angehören,
das Angst hat zu wählen,
das mit gesenkten Augen faule Ausreden sucht
und heiter spaßt beim Leichenschmaus.

So habe ich mir die Ordnung nicht vorgestellt!
Bereits als ich als Kind oft zu Unrecht Prügel bezog,
und nicht einmal wusste weshalb und warum,
denn gefolgt wäre ich willig jedem guten Wort,
wusste ich – fern war meine Mutter,
die Verwandten gar –,
dass diese Menschen mir fremd sind und egal.

Nun bin ich erwachsen. Immer mehr Fremdkörper
dringen in meine Zähne ein,
wie der Tod in mein Herz.
Aber ich habe immer noch Rechte!
Ich lebe noch! Ich bin weder nur Seele,
noch bin ich schon Staub
und meine Haut ist mir nicht so teuer,
dass ich es wortlos erduldete,
wenn man mich meiner Freiheit beraubt.

Grundsätze leiten mein Leben aus meinem Innern.
Wir sind Menschen, keine Tiere,

> vernunftbegabte Wesen sind wir,
> unsere Herzen haben immer noch Wünsche,
> wir sind nicht nur eine Nummer
> in eurer Datensammlung.
>
> Freiheit, komme! Schaffe du die neue Ordnung,
> lehre mir mit schönen Worten das Gute,
> aber lasse auch etwas Freiraum
> für deinen schönen, ernsten Sohn.

Von der Kommunistischen Partei wandte er sich immer mehr ab. Er gab den deutschen Kommunisten und Sozialdemokraten die Schuld daran, dass sie Hitlers Machtergreifung, nicht zuletzt wegen Uneinigkeit in den eigenen Reihen, nicht verhindert hatten.

Ende 1933 teilte die Kommunistische Partei mit, dass Attila József nicht mehr der Partei angehöre und jeder Kontakt zu ihm zu meiden sei.

Hitlers Machtergreifung ließ ihn Böses ahnen. Die bedrohliche Vision eines nahenden Krieges warf ihren Schatten voraus. Zwei Weltkriege in einem kurzen Menschenleben – eine erschreckende Vorstellung.

Er wandte sich aber nicht nur gegen Hitlers rassistisch geprägten Nationalsozialismus, sondern auch gegen die kommunistische Diktatur. Er erkannte, dass diese zwei verderblichen Ideologien, der Nationalsozialismus und der Internationalsozialismus, derselben ideologischen Wurzel entspringen.

In der Sowjetunion tobten die Stalinistischen Säuberungen, die Millionen von unschuldigen Menschen das Leben kosteten. Stalin ließ nicht nur aus eigener, ideologisch nicht autorisierter Machtgier morden. Sein Tun war von höchster Stelle abgesegnet: Die Marxistische Lehre war ebenso rassistisch geprägt wie die nationalsozialistische Rassenlehre.

Marx war nicht nur ein erklärter Antisemit[8]. Marx sprach auch von „Völkerabfall", von minderwertigen Völkern, die nicht entwicklungsfähig seien und daher ausgerottet werden müssten – eine Tatsache, über die die linke Bewegung bis heute noch beharrlich schweigt und sie sogar zu vertuschen sucht. Er benannte diese Nationen auch; aus Respekt vor diesen Völkern möchte ich aber seine Aufzählung hier nicht wiedergeben. Marx erachtete außerdem das „Lumpenproletariat" für nicht lebenswerte Individuen und forderte ihre Ausrottung. Seine völkische Vernichtungstheorie hat er nie zurückgenommen, er erweiterte sie nur auf den Klassenfeind und gab so für millionenfachen Mord eine ideologische Rechtfertigung.

Viele Linksintellektuelle, darunter auch George Bernard Shaw, teilten diese Ansicht und rechtfertigten die Stalinistischen Säuberungen. So forderte Shaw die Chemiker auf, ein Gas zu entwickeln, mit dessen Hilfe nicht lebenswerte Individuen schmerzlos vernichtet werden können[9]. Er empfahl jedem Amerikaner, einmal im Leben die Sowjetunion zu besuchen.

Zwei Gedichte belegen Attila Józsefs Ablehnung beider unmenschlicher Bewegungen: *Die Ur-Ratte*, „der nicht durchdachte Gedanke", wendet sich gegen den nazistischen Völkerhass, das Gedicht vom faschistischen Kommunismus, *Kläre dein Kind auf,* entlarvt die Lügen der kommunistischen Diktatur.

Die Ur-Ratte

Die Ur-Ratte verbreitet wieder Seuche unter uns,
der nicht durchdachte Gedanke.
Frisst an, was wir zubereitet haben,
überträgt sich rasch von Mensch zu Mensch.
Deshalb merkt es der Betrunkene nicht,
wenn er seine Laune mit Sekt zu betäuben sucht,
dass er nur eklige, dünne Suppe säuft.

Und weil der Verstand der Völker
den Hass und das Unrecht nicht nährt,
erregen gegenseitige Verleumdungen
Feindseligkeit und Hassgefühl.
Die Unterdrückung stürzt sich wie Geier aufs Aas

auf Scharen von lebenden Herzen
und über den Erdball verbreitet sich das Elend
wie von der Flut getragenes Geröll.

Maschinen befallen unsere Seelen
wie Ungeziefer den Schlafenden,
es ringen miteinander die Rachlust
und das plagende Gewissen.
Und wie der Schakal, der sein hässliches Lied
vergeblich in den Himmel jault,
vergebens mahnt der Dichter
das aufgewiegelte Volk.

Ich hoffe trotzdem. Weinend bitte ich dich,
schöne Zukunft, sei nicht lieblos zu uns! ...
Ich vertraue darauf,
dass man uns heute nicht mehr pfählen wird,
wie es einst unseren Ahnen widerfuhr.
Die Zeit der Freiheit und des Friedens wird kommen
und selbst die Qual wird feiner
und irgendwann vergisst man uns endlich
in der Stille schattiger Lauben.

Kläre dein Kind auf

Kläre dein Kind auf:
Der Haramia ist ein Mensch;
die Hökerin und der Schacherer auch.

(Kläffende Hunde sind sie, keine Wölfe.)
Sie feilschen oder philosophieren
und verkaufen Hoffnung für bares Geld.
Der eine verkauft Kohle, der andere Liebe,
der Dritte Poesie aus demselben Grunde.

Und tröste dein Kind, wenn es denn
Trost ihm bedeutet, dass es wirklich so ist.
Und erzähle ihm neue Märchen,
Märchen vom faschistischen Kommunismus, –
denn Ordnung muss herrschen auf der Welt,
und die Ordnung braucht die Welt dazu,
dass es nicht nutzlos die Kinder gebe
und verboten bleibe das Gute.

Und wenn das Kind mit offenem Munde
auf dich hinaufschaut oder weint –
lass dich nicht von ihm täuschen, glaube nicht,
dass es dir auch nur ein Wort glaubt.
Schau, das listige Kleinkind:
Es wimmert, um dein Mitleid zu erregen,
und während es lieblich auf die nährende Brust schaut,
schärft es sich die Zähne, fährt die Krallen aus.

Seine der linken Sozialdemokratie zugeneigte Gesinnung hat er aber nie aufgegeben. Nach seinem Ausschluss aus der Kommunistischen Partei schloss er sich verschiedenen der linken Sozialdemokratie zugehörenden Bewegungen an und leistete aktive politische Arbeit.

„ICH HABE ALLES VERSCHWENDET, WAS MAN MIR ANVERTRAUT HAT"

„Ich übernachte immer öfter im Stadtpark,
wie ein gewöhnlicher Obdachloser." (J. A.)

Sein Leben fristete er weiterhin in Armut. Anfang 1933 schrieb er an *Mihály Babits*[10]:

„Die Umstände zwingen mich, Sie als Kurator der Baumgarten Literatur Stiftung zu bitten, mir finanzielle Unterstützung zu gewähren. Ich möchte meine Bitte wie folgt begründen:

Seit längerer Zeit hungern wir, meine Frau und ich, im wahrsten Sinne des Wortes. Der Wirtschaftsverband der Schriftsteller gewährte mir im Cafe Club zum Mittagessen täglich eine Tasse Kaffee und eine Semmel. Ich nahm diese Hilfe monatelang in Anspruch, sie endete aber am 1. Januar. Meine Frau war gezwungen, für ihr Mittagsessen bei Verwandten Hausarbeiten zu verrichten. Diese Situation wurde für uns zunehmend peinlich.

Mein Einkommen machte in diesem Jahr fünfzehn Pengö aus. […] Alle unsere Sachen, das Bettzeug inbegriffen, sind versetzt. Ich habe Sorgen, dass wir wegen

Mietrückständen unsere kleine, unfreundliche 1-Zimmer-Wohnung aufgeben müssen. Seit September kann ich die Stromrechnung nicht mehr bezahlen. […] Wenn ich bis Montag die ausstehenden 19,35 Pengö nicht bezahle, wird uns der Strom abgestellt. Wir heizen nicht. Ich habe keine Schuhe. Richtiger, ich trage ein Paar 43-er; meine Schuhgröße ist aber 39. An den Hunger habe ich mich schon gewöhnt. […]

Ich lag kürzlich eine Woche mit nahezu 40° Fieber im Bett. Wir haben nur ein gewöhnliches, schmales Sofa, worauf wir beide schlafen. Selbst die Liebe reicht aber nicht aus, mit einem fiebrig Erkrankten unter einer Decke zu schlafen. Meine Frau schlief auf dem Boden, mit einer aufgerollten Decke unter ihrem Kreuz, zugedeckt hat sie sich mit einem Mantel. Als mein Fieber auf unter 38° gefallen ist, hatte meine Frau 39°. Wir haben unsere Schlafstellen getauscht. Auf dem Sofa schlafen wir jetzt abwechselnd, wer höheres Fieber hat, wer stärker hustet, wer stärker schwitzt."

Im Sommer 1933 geriet auch sein Privatleben in die Krise. Im Juni, anlässlich einer Schriftstellertagung am Plattensee, lernte er Márta Marton, Kunsthistorikerin, kennen und verliebte sich in sie. Seine Lebensgefährtin, Judit Szántó, unternahm daraufhin einen Selbstmordversuch.

Sein gesundheitlicher Zustand verschlechterte sich zunehmend. 1935 begab er sich erneut in psychoanalytische Behandlung, die ihm aber mehr schadete als nützte. Er verliebte sich in seine Psychoanalytikerin, Edit Gyömröi, seine Liebe wurde aber nicht erwidert. Sein Gedicht *Zum Kinde hast du mich gemacht*, dessen 3. Strophe hier bereits zitiert wurde, ist nicht etwa das Flehen eines Kindes an seine Mutter nach Schutz und Fürsorge, sondern ein Liebesgedicht mit dem ursprünglichen Titel *An eine Psychoanalytikerin*; ein verräterisches Zeugnis seines psychischen Befindens.

Zum Kinde hast du mich gemacht

Zum Kinde hast du mich gemacht.
Im Elend wuchs ich auf über dreißig kalte Winter –
umsonst, weder kann ich alleine gehen,
noch kann ich untätig sitzen,
all meine Sehnsucht zieht mich hin zu dir.

In meinem Munde trage ich dich
wie ein Hund seinen Welpen,
weglaufen möchte ich, dass man mich nicht erstickt.
Die Jahre, die mein Leben zerstörten,
lasten auf mir jeden Augenblick.

Gib mir Essen, schau, ich habe Hunger,
decke mich zu – ich friere,

ich bin ein Dummkopf, –
beschäftige dich mit mir!
Dein Fehlen durchzieht das Haus
wie der flüchtige Wind.
Angst, bitte, weiche von mir!

Du hast mich angeschaut, ich vergaß alle Sorgen,
du hast mich angehört, meine Worte stockten.
Bitte, hilf mir, nicht so herzlos zu sein,
dass ich Leben und Sterben kann allein.

Du hast mich aus deinem Haus gewiesen,
auf der Türschwelle kauerte ich
und wollte im Boden versinken, –
unter mir der steinige Boden,
die endlose Leere über mir.
So gerne möchte ich schlafen gehen,
ich klopfe an bei dir.

Viele Menschen gibt es, so gefühllos wie mich,
trotzdem können sie von Herzen weinen.
Ich liebe dich sehr,
weil ich mich selbst lieben lernte
durch dich.

Auch sein psychischer Zustand verschlechterte sich merklich. Schuldgefühle plagten ihn, wie auch das Gefühl, er allein sei schuld an seinem Scheitern, an seiner Erfolglosigkeit. „Mein Herz sitzt auf dem Zweig des

Nichts", schrieb er in seinem Gedicht *Hoffnungslos*. Er fühlte sich von allen verlassen, das Gefühl der Vereinsamung beherrschte sein Denken:

Rechenschaft

Ich aß und fraß schwarzen, ekligen Fraß
und trank beißendes Gesöff,
kein Mensch könnte verwegener sein.
Glücklich aber war ich noch nie.

Ich hatte bisher weder edle Augenblicke
auf dieser von der Erlösung beglückten Welt,
noch warme, angenehme Stunden
wie ein Schwein, das sich im Schlamme wälzt.

Die Moral lehrt mich, listig zu sein.
(Ich denke, dich auch.)
Ich musste hungern Zeit meines Lebens,
mich kann nur noch die Waffe erlösen.

Daher lasten dunkle Gedanken
wie finstere Mächte auf meiner Seele,
dass meine Liebste sich erschreckt,
wenn sie mich anschaut – dabei lächle ich.

Unterm finsteren Himmel sitze ich,
wie der Obdachlose unter der Brücke,
ich vergebe mir jetzt selbst jede Sünde,
denn das Jüngste Gericht wird es nicht geben.

Vielleicht verschwinde ich plötzlich

Vielleicht verschwinde ich plötzlich,
wie die Spur des flüchtenden Wildes im Wald.

Ich habe alles verschwendet,
was man mir anvertraut hat,
darüber schulde ich jetzt Rechenschaft.

Große Mühe habe ich mir gegeben
von Kindesbeinen an,
Trauer erfüllt nun meine Seele,
wenn ich auf mein verpfuschtes Leben blicke.

Früh ergab sich mein Herz dem Begehren nach Liebe
und hat mich auf Irrwege geleitet.
Jetzt befällt mich späte Reue,
vielleicht hätte ich damit noch warten sollen.

Nur aus Trotz wollte ich nicht begreifen
die mahnenden Worte meiner Mutter,
dann wurde ich Waise, Stiefkind,
und lachte über meine Lehrer.

Ich dachte, die Jugend, diese grüne Wildnis,
würde ewig währen.
Doch schon höre ich unter Tränen
das Rascheln morscher Äste im trockenen Unterholz.

Gott stand unmittelbar hinter mir ...

Gott stand unmittelbar hinter mir,
doch ich lief um den ganzen Globus herum, um Ihn zu finden.

Entkräftet lag ich am Boden,
Gott schaute auf mich herab
und half mir nicht, mich aufzurichten.
Ich hatte die Wahl. Diese Freiheit ließ mich verstehen,
dass ich noch Kraft genug habe, selbst aufzustehen.

Er half mir, indem Er nicht half.
Ich durfte Feuer sein, Feuer ohne Asche.
So viele Wahrheiten, so viel Liebe,
Er war mit mir, indem Er mich allein ließ.

Mein Körper ist schwach:
Nur meine Angst beschützt mich.
Trotzdem erwarte ich meine Liebste mit einem Lächeln,
denn mit mir ist die Treue gegenwärtig
in dieser im Leeren taumelnden Welt.

Sei einfältig

Sei einfältig, habe keine Angst,
das Gerede von der schönen Freiheit
ist nur dummes Zeug. Wir springen umher

wie gejagte Affen,
gefangen im Käfig unserer Gedanken.

Sei einfältig. Güte und Frieden
sind nur leeres Gerede.
Das Gute setzt sich von alleine auf deiner Seele ab,
wie Müll auf des Flusses Grund.

Sei einfältig. Sagt man dir Übles nach,
habe keine Angst. Siegen kannst du zwar nicht,
aber auch nicht verlieren.
Sei so einfältig wie der Tod.

Deine Worte können nie unwahr sein –
gut wirst du sein, friedlich und frei,
Gast an der Tafel der vergangenen
und der künftigen Zeit.

DU WEIßT, DASS ES KEINE VERGEBUNG GIBT

Schuld, Sühne und Vergebung sind die zentralen Motive seiner späten Dichtung.

Er glaubte, dass seine Erfolglosigkeit und seine Vereinsamung selbstverschuldet seien und die Strafe für irgendeine Schuld, die durch eine sich selbst auferlegte Sühne nicht getilgt werden kann.

Durch Reue wird deine Schuld nicht kleiner, schrieb er.

Was er suchte, war Vergebung. Gott könnte ihm vergeben. Gott aber redete nicht mit ihm. Gott kümmerte sich nicht um den Menschen, Gott half ihm nicht in seiner Not.

Der einzige Weg, den er sah, Absolution zu erlangen, war, dass die Menschen sich gegenseitig ihre Sünden vergeben. Wen sollte er aber um Vergebung bitten? Und wofür? Den erlösenden Bußgang des Dmitri Karamasow konnte er nicht gehen.

Die Sünde

Ein unwirscher Sünder bin ich,
trotzdem fühle ich mich wohl.
Das einzige, was mich stört, ist:
Warum kenne ich denn meine Sünde nicht,
wenn ich ein Sünder sein soll.

Dass ich schuldig bin, steht außer Frage.
Doch, wie ich auch immer darüber denke,
meine Sünde ist etwas anderes,
vielleicht nur eine einfältige Belanglosigkeit.

Ich suche weiter nach meiner Sünde,
wie der Geizhals nach seinem verlorenen Gold,
selbst meine Mutter verließ ich dafür,
obwohl ich nicht hartherzig bin.

Und eines Tages finde ich sie bestimmt,
auf dem Pfad der Tugend vielleicht;
und dann, um Beichte abzulegen,
lade ich meine Bekannten in ein Kaffeehaus ein.

Und ich beichte: Ich habe getötet.
Ich weiß nicht wen,
vielleicht meinen Vater,
und schaute zu, wie er verblutete
in jener verdorbenen Nacht.

Ich habe ihn vielleicht erstochen. Ich beschönige nichts,
weil wir alle nur Menschen sind
und eines Tages vielleicht auch wir
plötzlich zusammenbrechen wie erlegtes Getier.

Ich habe gestanden.
Nun warte ich ab (weil man abwarten muss):
Wer hat Dringendes zu tun und läuft gleich davon,
wer bleibt nachdenklich hier,
wer bangt über meine Beichte beglückt um mich.

Ich bemerke einen,
der mit einem warmen Blick
zu bedeuten gibt, „wir bleiben bei dir,
du bist uns kein Fremder"...

Deine Sünde ist kindisch
und einfältig zugleich. –

> Die Welt um mich wird kleiner,
> ich lasse sie spielen.
>
> Ich glaube nicht an Gott,
> und wenn es ihn trotzdem gibt,
> soll er sich mit mir keine Mühe geben,
> ich vergebe mir meine Sünden selber
> und die Lebenden helfen mir dabei.

Seine trotzige Selbstermutigung, *„ich vergebe mir meine Sünden selber"*, blieb ohne Erfolg. Der Konflikt war für ihn nicht lösbar.

Du weißt, dass es keine Vergebung gibt

> Du weißt, dass es keine Vergebung gibt,
> vergeblich ist deine Reue,
> sei daher was du sein sollst: Ein Mann.
> Auch über dein Leben wächst irgendwann Gras.
>
> Die Sünde wird durch Reue nicht kleiner,
> vergeblich sind daher deine Tränen.
> Dein Leben ist der gelebte Beweis,
> bedanke dich wenigstens dafür.
>
> Klage nicht an, beteuere nichts,
> sei nicht schlecht zu dir selbst, sei kein Untertan,
> trachte nicht danach, zu beherrschen,
> schließe dich keiner Truppe an.

Bleibe überflüssig,
erspähe keine Geheimnisse,
und weil du auch ein Mensch bist,
verachte diese Menschheit nicht.

Erinnere dich, du hast geröchelt
und vergeblich gebettelt,
du hast falsches Zeugnis abgelegt
im eigenen Prozess.

Gott hast du gerufen, als du gefallen warst,
den Menschen, falls es keinen Gott gäbe,
auf verdorbene Schurken trafst du
in der Psychoanalyse.

Geglaubt hast du dem dahingesagten Wort,
Märchen erzählte dir der bezahlte Lobbyist,
und sieh, niemals sagte zu dir auch nur einer,
dass du gut seist.

Man liebte dich, indem man dich betrog,
du aber hast auch betrogen,
daher darfst auch du nicht lieben.
Nimm die geladene Waffe
und richte sie gegen dein leeres Herz.

Oder vergiss jede Überzeugung
und hoffe auf die wahre Liebe,
denn wie ein Hund würdest du jedem glauben,
der dir sein Vertrauen schenkte.

Seine Schuld, glaubte er, stehe außer Frage; und er sah nur einen Ausweg:

> *[Sei] daher was du sein sollst: Ein Mann. [...]*
> *Nimm die geladene Waffe*
> *und richte sie gegen dein leeres Herz.*

Am 3. Dezember 1937 warf er sich in Balatonszárszó, ein kleiner Ort nahe des Plattensees, vor einen Zug und starb.

LITERATUR

[1] József Jolán: József Attila élete, Budapest, 1940
[2] Szöke György: Életrajz és költészet
[3] (Jegyzetek, 70.) in http://magyar-irodalom.elte.hu/sulinet/igyjo/setup/portrek/joszefa/palyak.htm
[4] Àgnes Gajdó in
http://epa.oszk.hu/00700/00713/00206/pdf/tiszataj_EPA00713_2008_10_065-075.pdf
[5] Wikipedia, József Attila
[6] Szövegváltozatok in http:// magyar-irodalom.elte.hu/sulinet/igyjo/setup/portrek/joszefa/palyaa.htm
[7] http://magyar-irodalom.elte.hu/sulinet/igyjo/setup/portrek/joszefa/jaelet5.htm
http://magyar-irodalom.elte.hu/sulinet/igyjo/setup/joszefa/joszefa.htm
[8] Karl Marx in Neue Rheinische Zeitung, Nr. 194, 13. Januar, 1849, Nr. 232, 27. Februar, 1849 u.a.
Thorsten Mohr, Das Verhältnis der großen Revolutionäre des 19. Jahrhunderts, GRIN Verlag GmbH, München, 2002, u.v.a.
[9] George Bernard Shaw in Listener, 07.02.1934
[10] József Attila válogatott levelezése. (szerk. *Fehér Erzsébet*) Bp. 1976. 290-291.o.

WEITERE LITERATUR:

http://magyar-irodalom.elte.hu/sulinet/igyjo/setup/portrek/jozsefa/japalya1-9.htm
http://magyar-irodalom.elte.hu/sulinet/igyjo/setup/portrek/jozsefa/jozsefa.htm#palyakep
http://www.kzs.hu/hirdetes/Jozsef%20Attila/elet2.htm (1-7)
http://www.jagbp.hu/nevadonk.html#gyermekkor
http://magyar-irodalom.elte.hu/sulinet/igyjo/setup/portrek/joszefat.htm
http://magyar-irodalom.elte.hu/sulinet/igyjo/setup/portrek/jozsefa/jaelet1-6.htm

NAMENSVERZEICHNIS

Mihály Babits (1883-1941), studierte Französische und Lateinische Philologie. Arbeitete als Dichter, Übersetzer und Redakteur und später als Herausgeber der literarischen Zeitschrift *Nyugat* (Der Westen).

Dezső Kosztolányi (1885-1937), Schriftsteller, Dichter, Journalist, Übersetzer. Wurde 1931 Präsident des ungarischen P.E.N.-Clubs

Gyula Juhász (1883-1937), Dichter und Journalist. Erster Träger des Baumgarten Literaturpreises.

Pál Ignotus (1901-1978), Publizist, Gründer der Literaturzeitschrift *Szép Szó* (Das schöne Wort).

Lajos Hatvány (1880-1961), Journalist, Schriftsteller, Literaturwissenschaftler und Literaturkritiker

Nyugat (Der Westen), eine einflussreiche, 1908 gegründete Literaturzeitschrift

Szép szó (Das schöne Wort), eine zwischen 1936 und 1939 unregelmäßig erscheinende Literatur- und gesellschaftpolitische Zeitschrift. Herausgeber waren József Attila und Pál Ignotus.

Reihenfolge der Texte, Gedichte und Briefe

Curriculum vitae 5
Lieber Jocó (Kedves Jocó) 9
Spätes Klagelied (Kései sirató) 13
Meine Mutter (Anyám) 15
Reinen Herzens (Tiszta szívvel) 21
Attila József 23
Winter (Tél) 23
Stiller Abendsalm (Csendes esti zsoltár) 24
Ohne anzuklopfen (Kopogtatás nélkül) 26
Sozialisten (Szocialisták, Version 1926) 27
Sozialisten (Szocialisták, Version 1931-32) 32
Trost (Vigasz) 34
Der Sommer (Nyár) 35
Am Rande der Stadt (A város peremén) 37
Winternacht (Téli éjszaka) 41
Luft! (Levegőt!) 44
Die Ur-Ratte (Ős patkány terjeszt kórt…) 49
Kläre dein Kind auf (Világosítsd fel) 50
Zum Kinde hast du mich gemacht (Gyermekké tettél) 54
Rechenschaft (Számadás) 56
Vielleicht verschwinde ich plötzlich (Talán eltűnök hirtelen…) 57
Gott stand unmittelbar hinter mir (Az Isten itt állt a hátam mögött…) 58
Sei einfältig (Légy ostoba) 58

Die Sünde (A bűn) 60
Du weißt, dass es keine Vergebung gibt (Tudod,
hogy nincs bocsánat) 62